Dieses Tagebuch unterstützt dich dabei, eine tiefe und liebevolle Verbindung mit dir zu erleben.

Auf den vorderen Seiten kannst du deinen Weg, deine Erkenntnisse oder deine Prozesse notieren, aufmalen, hinkritzeln, so wie es dir in den Sinn kommt.

Im hinteren Teil des Tagebuchs haben wir extra Seiten für deine wichtigsten Erkenntnisse reserviert, gekennzeichnet mit dem Symbol einer Schatzkiste.

So kannst du jederzeit auf diese Schätze zugreifen, ohne dich durch deine Prozesse zu lesen.

Dieses Tagebuch gehört

Schatztruhe für meine
wichtigsten Erkenntnisse

Impressum

52 x ich   Tagebuch zum wertschätzenden Umgang mit mir selbst

© 2018 - Irmtraud Kauschat und Birgit Schulze
Herstellung und Verlag: Books on Demand, Norderstedt
Illustrationen: Yo Rühmer
Graphische Gestaltung: Suse Schmitt

ISBN: 9-783-7460-7881-6

Hinweise

„52 x ICH" Praxisbuch

In diesem Buch finden Sie anregende, abwechslungsreiche und erfahrungsintensive Übungen auf Basis der Gewaltfreien Kommunikation. Diese ermöglichen Ihnen mit sich eine tiefe und liebevolle Verbindung zu erleben. Die Autorinnen begleiten Sie mit 52 Übungen und 52 Schlüsselunterscheidungen bei Ihrem Prozess.

ISBN 978-3-7460-7876-2

„Das große Praxisbuch zum wertschätzenden Miteinander"

Suchen Sie Inspirationen, praktische Tipps und anregende Übungen für abwechslungsreiche, erfahrungsintensive, begeisternde Seminare und Übungsgruppen auf Basis der Gewaltfreien Kommunikation?

ISBN: 978-3-7357-6999-2